O CLUBE FEMINISTA DA BAZAR DO TEMPO

ILUSTRAÇÕES
CLAUDIA AMARAL

DIAS MULHERES VIRÃO

AGENDA FEMINISTA

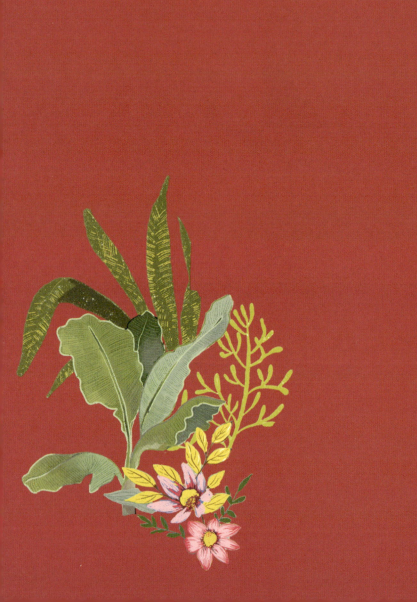

NOME ....
....
ENDEREÇO ....
....
....

TELEFONE RESIDENCIAL ....
CELULAR ....
E-MAIL ....
....

ENDEREÇO COMERCIAL ....
....
....

TELEFONE COMERCIAL ....
E-MAIL COMERCIAL ....
....

CONTATOS DE EMERGÊNCIA ....
....
....
....

EM CASO DE PERDA, DEVOLVER ESTA AGENDA A ....
....
....
....
....

FEMINISMOS TRANSATLÂNTICOS FRANÇA-BRASIL

Entre os eventos marcantes que nos esperam em 2025, como a COP 30, que acontecerá em Belém do Pará em novembro, e os cinquenta anos do Ano Internacional da Mulher instituído pela ONU em 1975, a relação França-Brasil será celebrada ao longo de todos os meses, com uma série de eventos nos dois países. Nos parecia, portanto, o momento certo para termos como tema da agenda 2025 o feminismo de francesas e brasileiras, as trocas entre elas e as mútuas inspirações. A partir da trajetória de quatorze mulheres, representaremos muitas outras, famosas ou não, buscando formar um panorama diverso dos combates que as unem em torno da busca por emancipação, igualdade, liberdade, justiça e segurança. Muitas delas são autoras da Bazar do Tempo, já em catálogo ou chegando este ano à editora.

Nessas boas-vindas, nos parece necessário evocar uma mulher que abriu muitos caminhos e simboliza uma espécie de pré-história do feminismo: Olympe de Gouges (1748-1793). No turbilhão provocado pela Revolução Francesa, ela ergueu a voz desafiando o novo poder ao reivindicar a emancipação feminina. Em 1791, portanto dois anos após a eclosão da revolução, lançou *Os direitos da mulher e da cidadã*, um combativo manifesto que confrontava as lideranças revolucionárias com ideias de liberdade de expressão e igualdade para as mulheres. A França, no entanto, ainda não estava pronta para ouvir Olympe, cujas ideias foram condenadas até pelos revolucionários mais progressistas. Dois anos após publicar seu texto, ela foi guilhotinada aos 45 anos de idade.

Sua obra, que inclui ainda dezenas de peças de teatro, romances e panfletos com ideias antiescravistas, influenciaria mulheres em todo o mundo ao longo dos séculos, como a conterrânea e símbolo mundial do feminismo Simone de Beauvoir, que destaca sua importância no clássico *O segundo sexo*. Hoje, na França, Olympe de Gouges é nome de praças, escolas, ginásios, e seu manifesto é leitura obrigatória no *baccalauréat*, o vestibular francês. No Brasil, é lembrada com frequência por mulheres como Cármem Lúcia, ministra do STF.

Dessa linhagem francesa de luta feminista, trilhando ainda caminhos interseccionais que passam pelas Antilhas, chegamos ao Brasil em um diálogo que permanece vivíssimo nas autoras de hoje. A luta é necessária e ampla: por representação política e contra o patriarcado, que oprime e violenta mulheres, além de destruir o planeta. Exemplos desses combates não faltam atualmente em nenhum dos dois lados do Atlântico, nos mais diferentes campos. As reivindicações percorrem os séculos e seguimos de mãos dadas; o feminismo atravessa o tempo e as fronteiras.

Que o ano de 2025 seja de lutas e conquistas para todas nós!

"A MULHER TEM O DIREITO DE SUBIR AO CADAFALSO; ELA DEVE TER IGUALMENTE O DIREITO DE SUBIR À TRIBUNA."

OLYMPE DE GOUGES

2025

JANEIRO

S	T	Q	Q	S	S	D
	1	2	3	4	5	
6	7	8	9	10	11	12
13	14	15	16	17	18	19
20	21	22	23	24	25	26
27	28	29	30	31		

FEVEREIRO

S	T	Q	Q	S	S	D
					1	2
3	4	5	6	7	8	9
10	11	12	13	14	15	16
17	18	19	20	21	22	23
24	25	26	27	28		

MARÇO

S	T	Q	Q	S	S	D
					1	2
3	4	5	6	7	8	9
10	11	12	13	14	15	16
17	18	19	20	21	22	23
24	25	26	27	28	29	30
31						

ABRIL

S	T	Q	Q	S	S	D
	1	2	3	4	5	6
7	8	9	10	11	12	13
14	15	16	17	18	19	20
21	22	23	24	25	26	27
28	29	30				

MAIO

S	T	Q	Q	S	S	D
			1	2	3	4
5	6	7	8	9	10	11
12	13	14	15	16	17	18
19	20	21	22	23	24	25
26	27	28	29	30	31	

JUNHO

S	T	Q	Q	S	S	D
						1
2	3	4	5	6	7	8
9	10	11	12	13	14	15
16	17	18	19	20	21	22
23	24	25	26	27	28	29
30						

JULHO

S	T	Q	Q	S	S	D
	1	2	3	4	5	6
7	8	9	10	11	12	13
14	15	16	17	18	19	20
21	22	23	24	25	26	27
28	29	30	31			

AGOSTO

S	T	Q	Q	S	S	D
				1	2	3
4	5	6	7	8	9	10
11	12	13	14	15	16	17
18	19	20	21	22	23	24
25	26	27	28	29	30	31

SETEMBRO

S	T	Q	Q	S	S	D
1	2	3	4	5	6	7
8	9	10	11	12	13	14
15	16	17	18	19	20	21
22	23	24	25	26	27	28
29	30					

OUTUBRO

S	T	Q	Q	S	S	D
		1	2	3	4	5
6	7	8	9	10	11	12
13	14	15	16	17	18	19
20	21	22	23	24	25	26
27	28	29	30	31		

NOVEMBRO

S	T	Q	Q	S	S	D
					1	2
3	4	5	6	7	8	9
10	11	12	13	14	15	16
17	18	19	20	21	22	23
24	25	26	27	28	29	30

DEZEMBRO

S	T	Q	Q	S	S	D
1	2	3	4	5	6	7
8	9	10	11	12	13	14
15	16	17	18	19	20	21
22	23	24	25	26	27	28
29	30	31				

2026

JANEIRO

S	T	Q	Q	S	S	D
			1	2	3	4
5	6	7	8	9	10	11
12	13	14	15	16	17	18
19	20	21	22	23	24	25
26	27	28	29	30	31	

FEVEREIRO

S	T	Q	Q	S	S	D
						1
2	3	4	5	6	7	8
9	10	11	12	13	14	15
16	17	18	19	20	21	22
23	24	25	26	27	28	

MARÇO

S	T	Q	Q	S	S	D
						1
2	3	4	5	6	7	8
9	10	11	12	13	14	15
16	17	18	19	20	21	22
23	24	25	26	27	28	29
30	31					

ABRIL

S	T	Q	Q	S	S	D
		1	2	3	4	5
6	7	8	9	10	11	12
13	14	15	16	17	18	19
20	21	22	23	24	25	26
27	28	29	30			

MAIO

S	T	Q	Q	S	S	D
				1	2	3
4	5	6	7	8	9	10
11	12	13	14	15	16	17
18	19	20	21	22	23	24
25	26	27	28	29	30	31

JUNHO

S	T	Q	Q	S	S	D
1	2	3	4	5	6	7
8	9	10	11	12	13	14
15	16	17	18	19	20	21
22	23	24	25	26	27	28
29	30					

JULHO

S	T	Q	Q	S	S	D
		1	2	3	4	5
6	7	8	9	10	11	12
13	14	15	16	17	18	19
20	21	22	23	24	25	26
27	28	29	30	31		

AGOSTO

S	T	Q	Q	S	S	D
					1	2
3	4	5	6	7	8	9
10	11	12	13	14	15	16
17	18	19	20	21	22	23
24	25	26	27	28	29	30
31						

SETEMBRO

S	T	Q	Q	S	S	D
	1	2	3	4	5	6
7	8	9	10	11	12	13
14	15	16	17	18	19	20
21	22	23	24	25	26	27
28	29	30				

OUTUBRO

S	T	Q	Q	S	S	D
		1	2	3	4	
5	6	7	8	9	10	11
12	13	14	15	16	17	18
19	20	21	22	23	24	25
26	27	28	29	30	31	

NOVEMBRO

S	T	Q	Q	S	S	D
						1
2	3	4	5	6	7	8
9	10	11	12	13	14	15
16	17	18	19	20	21	22
23	24	25	26	27	28	29
30						

DEZEMBRO

S	T	Q	Q	S	S	D
	1	2	3	4	5	6
7	8	9	10	11	12	13
14	15	16	17	18	19	20
21	22	23	24	25	26	27
28	29	30	31			

JANEIRO

segunda-feira	terça-feira	quarta-feira
		1
6 ◐	7	8
13 ●	14	15
20	21 ◐	22
27	28	29 ○

quinta-feira	sexta-feira	sábado	domingo
2	3	4	5
9	10	11	12
16	17	18	19
23	24	25	26
30	31		

FEVEREIRO

segunda-feira	terça-feira	quarta-feira
3	4	5 ◐
10	11	12 ●
17	18	19
24	25	26

quinta-feira	sexta-feira	sábado	domingo
		1	2
6	7	8	9
13	14	15	16
20 ◐	21	22	23
27 ○	28		

MARÇO

segunda-feira	terça-feira	quarta-feira
3	4	5
10	11	12
17	18	19
24	25	26
31		

quinta-feira	sexta-feira	sábado	domingo
		1	2
6 ◐	7	8	9
13	14 ●	15	16
20	21	22 ◐	23
27	28	29 ○	30

ABRIL

segunda-feira	terça-feira	quarta-feira
	1	2
7	8	9
14	15	16
21	22	23
28	29	30

quinta-feira	sexta-feira	sábado	domingo
3	4 ◐	5	6
10	11	12 ●	13
17	18	19	20 ◑
24	25	26	27 ○

MAIO

segunda-feira   terça-feira   quarta-feira

5   6   7

12   13   14

19   20   21

26   27   28

quinta-feira	sexta-feira	sábado	domingo
1	2	3	4 ◐
8	9	10	11
15	16	17	18
22	23	24	25
29	30	31	

JUNHO

segunda-feira	terça-feira	quarta-feira
2	3 ◐	4
9	10	11 ●
16	17	18 ◐
23	24	25 ○
30		

quinta-feira	sexta-feira	sábado	domingo
			1
5	6	7	8
12	13	14	15
19	20	21	22
26	27	28	29

JULHO

segunda-feira	terça-feira	quarta-feira
	1	2 ◐
7	8	9
14	15	16
21	22	23
28	29	30

quinta-feira	sexta-feira	sábado	domingo
3	4	5	6
10 ●	11	12	13
17 ◐	18	19	20
24 ○	25	26	27
31			

AGOSTO

segunda-feira	terça-feira	quarta-feira
4	5	6
11	12	13
18	19	20
25	26	27

quinta-feira	sexta-feira	sábado	domingo
	1 ◑	2	3
7	8	9 ●	10
14	15	16 ◑	17
21	22	23 ○	24
28	29	30	31 ◑

SETEMBRO

segunda-feira	terça-feira	quarta-feira
1	2	3
8	9	10
15	16	17
22	23	24
29 ☽	30	

quinta-feira	sexta-feira	sábado	domingo
4	5	6	7
11	12	13	14
18	19	20	21
25	26	27	28

OUTUBRO

segunda-feira	terça-feira	quarta-feira
		1
6	7 ●	8
13 ◐	14	15
20	21 ○	22
27	28	29 ◐

quinta-feira	sexta-feira	sábado	domingo
2	3	4	5
9	10	11	12
16	17	18	19
23	24	25	26
30	31		

NOVEMBRO

segunda-feira	terça-feira	quarta-feira
3	4	5
10	11	12
17	18	19
24	25	26

quinta-feira	sexta-feira	sábado	domingo
		1	2
6	7	8	9
13	14	15	16
20 ○	21	22	23
27	28 ◐	29	30

DEZEMBRO

segunda-feira	terça-feira	quarta-feira
1	2	3
8	9	10
15	16	17
22	23	24
29	30	31

quinta-feira	sexta-feira	sábado	domingo
4 ●	5	6	7
11 ◐	12	13	14
18	19 ○	20	21
25	26	27 ◐	28

SIMONE DE BEAUVOIR,
A FILHA DE OXUM

Fazia mais de dez anos que Simone de Beauvoir havia lançado uma de suas obras mais conhecidas e clássico absoluto do pensamento feminista, *O segundo sexo*, quando chegou ao Brasil para uma temporada ao lado do marido, o também filósofo Jean-Paul Sartre. Era o ano de 1960, e a primeira escala da viagem brasileira foi Salvador, onde seriam recebidos por Jorge Amado e Zélia Gattai. Na capital baiana, foram ao terreiro Opô Afonjá, e Mãe Senhora jogou búzios para o casal: disse que Sartre era filho de Oxalá, e Simone, de Oxum. Na ocasião, Jorge Amado teria dito à amiga francesa que para ele nenhuma macumba era tão espetacular como a do terreiro de João da Gomeia, na Baixada Fluminense. Eis que Simone de Beauvoir se encanta com a ideia de ver a mistura das culturas iorubá, banta e ameríndias e, ao chegar ao Rio de Janeiro, pede que a levem à festa de Seu Pedra Preta, caboclo patrono da casa. A história que se segue, narrada pelo filósofo Raphael Haddock-Lobo*, é o que nos interessa contar aqui nesta conexão França–Brasil, já que a trajetória de Beauvoir como filósofa e escritora já é tão farta e justamente conhecida.

Pois bem: acompanhada por Abdias do Nascimento e Darcy Ribeiro, Simone de Beauvoir chega a Caxias e instintivamente se põe aos pés do dendezeiro, apoia suas duas mãos no chão e fala: "*Je suis de la Gomeiá*.". Quando Seu Pedra Preta baixa no terreiro, um vento forte chega, e, toda arrepiada, Simone vai a ele e recebe um abraço forte. Nesse momento o caboclo suspende a filósofa e grita para todos ouvirem: "Exa aqui, exa dotôra, veio pá defendê noxa caja, e vai xê makota de Matamba." Sartre volta para Paris e Simone dá sua obrigação. Passa a ser filha da Gomeia, vindo ao Brasil outras vezes para a festa da dona dos ventos. Defensora de sua casa, como preconizou Seu Pedra Preta, Simone chega a publicar no jornal *O Quilombo* uma resposta tardia à antropóloga estadunidense Ruth Landes, que fez duras críticas a Joãozinho da Gomeia. Em seu artigo, a filósofa denunciava o preconceito que João sofrera ao longo de sua vida, como negro e homossexual afeminado, e exaltava a sua importância para a consolidação da macumba carioca. Simone de Beauvoir se torna, então, grande aliada da luta pela defesa das culturas afro-diaspóricas e faz de Joãozinho da Gomeia nosso primeiro filósofo *queer*. Mais tarde, seus estudos teriam grande influência sobre a filosofia francesa, em especial a de Foucault, que viria para o Rio de Janeiro se inspirar e pensar sua *estética da existência*.

Simone da Gomeia morreu em Paris, em 1986, e continua ainda hoje a inspirar novas visões de mundo.

* em *Arruaças - Uma filosofia popular brasileira*.

JANEIRO

Simone de Beauvoir

30 segunda-feira

31 terça-feira

1 quarta-feira

* Dia da Fraternidade Universal

2 quinta-feira

3 sexta-feira

4 sábado

* Nascimento da socióloga e precursora dos estudos feministas no Brasil Heleieth Saffioti (Ibirá, 1934 – São Paulo, 2010).

5 domingo

JANEIRO

> "No dia em que for possível à mulher amar em sua força, não em sua fraqueza, não para fugir de si mesma mas para se encontrar, não para se demitir mas para se afirmar, nesse dia o amor se tornará para ela, como para o homem, fonte de vida e não perigo mortal."

SIMONE DE BEAUVOIR
O segundo sexo

6 segunda-feira ◐

---

7 terça-feira

* Nascimento da poeta canadense Dionne Brand (Trinidad e Tobago, 1953).

---

8 quarta-feira

* Invasão das sedes dos Três Poderes, em 2023, em Brasília-DF, numa tentativa de golpe no Brasil, quando um grupo de manifestantes de extrema direita estava protestando contra a eleição legítima do presidente Luiz Inácio Lula da Silva, que venceu o ex-presidente Jair Bolsonaro no segundo turno das eleições de 2022.

---

9 quinta-feira

* Nascimento da filósofa, feminista e escritora francesa Simone de Beauvoir (Paris, 1908 – 1986).

---

10 sexta-feira

---

11 sábado

12 domingo

JANEIRO

"(...) Você me mostrou o mundo inteiro. Foi como se outra vida explodisse na minha cara, iluminando tão facilmente a ponta de uma asa que toca a rebentação, tão facilmente que eu vi meu próprio corpo, ou seja, meus olhos me seguiram a mim mesma, me tocaram como um lugar, outra vida, terra. Dizem que esse lugar não existe, então, minha língua é mística. Eu já estive aqui."

DIONNE BRAND,
Nenhuma língua é neutra

13 segunda-feira
●

14 terça-feira

15 quarta-feira

16 quinta-feira   ✽ Nascimento da filósofa, escritora e ensaísta Susan Sontag (Nova York, 1933 – 2004).

17 sexta-feira

18 sábado   **19 domingo**

JANEIRO

'O que eu quero é estar completamente presente na minha vida – estar onde estou, contemporânea a mim mesma na minha vida, dando atenção total ao mundo, que inclui a mim. Eu não sou o mundo, e o mundo não é idêntico a mim, mas estou nele e prestando atenção nele. É isto que um escritor faz: ele presta atenção no mundo."

SUSAN SONTAG
A entrevista completa para a revista Rolling Stone

20 segunda-feira

* Dia de São Sebastião, padroeiro da cidade do Rio de Janeiro

---

21 terça-feira

* Dia Nacional do Combate à Intolerância Religiosa

---

22 quarta-feira

---

23 quinta-feira

---

24 sexta-feira

* Nascimento da escritora Edith Wharton (Nova York, 1862 – Saint-Brice-sous-Foret, 1937).

---

25 sábado

26 domingo

* Nascimento da filósofa, professora e ativista estadunidense Angela Davis (Birminghan, Estados Unidos, 1944).

JANEIRO

27 segunda-feira

* Dia Internacional da Memória das Vítimas do Holocausto

---

28 terça-feira

---

29 quarta-feira
○

---

30 quinta-feira

---

31 sexta-feira

---

1 sábado

* Nascimento da ativista dos direitos das mulheres Maria da Penha Maia Fernandes (Fortaleza, Ceará, 1945)
* Nascimento da antropóloga e ativista Lelia Gonzalez (Belo Horizonte, 1935 – Rio de Janeiro, 1994).

2 domingo

* Dia de Nossa Senhora dos Navegantes/Dia de Iemanjá
* Aprovação da emenda do deputado federal Carlos Alberto Oliveira, "Caó", que estabelece o racismo como crime inafiançável e imprescritível (1988).

JANEIRO

"Racismo? No Brasil? Quem foi que disse? Isso é coisa de americano. Aqui não tem diferença porque todo mundo é brasileiro acima de tudo, graças a Deus. Preto aqui é bem tratado, tem o mesmo direito que a gente tem. Tanto é que, quando se esforça, ele sobe na vida como qualquer um. Conheço um que é médico; educadíssimo, culto, elegante e com umas feições tão finas... Nem parece preto."

LÉLIA GONZÁLEZ
"Racismo e sexismo na cultura brasileira" em *Pensamento feminista brasileiro: formação e contexto*

PAULETTE NARDAL,
O NASCIMENTO DO FEMINISMO NEGRO

Pode-se dizer que o feminismo negro do século XX nasceu nas Antilhas. Mais especificamente na Martinica, terra da família Nardal, de sete irmãs, que se instalariam em Paris nos anos 1920. Numa época de grande efervescência cultural, a primogênita Paulette Nardal, junto com suas irmãs Jeanne e Anne, promovia em sua casa, em Clamart, encontros animados que se transformaram num efervescente centro de debates sobre raça, identidade, colonialismo e feminismo.

Educada na Sorbonne – foi a primeira mulher negra a entrar na prestigiada universidade –, e com um olhar afiado sobre as dinâmicas coloniais, Paulette tornava-se uma pensadora fundamental na criação da negritude, a corrente literária que agregava autores negros dos países colonizados pela França, movida pelo desejo de integrar as vozes da diáspora negra em um movimento de resistência e orgulho cultural. Foi em sua casa, entre discussões que buscavam uma fraternidade negra transatlântica, que Paulette conectou importantes nomes da diáspora, como Léopold Senghor e Aimé Césaire, às ideias do Harlem Renaissance e do pan-africanismo. Fluente em inglês, criou em 1931 a revista bilíngue francês/inglês *La Revue du monde noir*, unindo as expressões negras dos dois lados do Atlântico. Paulette escreveu diversos artigos e ensaios, apresentando ideias originais.

Com o início da Segunda Guerra Mundial, Paulette voltou à Martinica e, junto de Aimé e Suzanne Césaire, editou a revista *Tropiques*, espaço em que a identidade antilhana, o surrealismo e o ideário da Negritude se fundiram em uma iniciativa de resistência intelectual contra a opressão colonial. Nos ensaios publicados na revista, Paulette e Suzanne propunham um olhar revolucionário para a literatura caribenha e valorizavam as raízes culturais locais. Paulette ainda organizou corais que resgatavam as tradições musicais africanas e dedicou-se a causas de justiça social. Fundou organizações feministas e publicações que incentivavam as mulheres a atuar na construção de uma sociedade mais justa. Manteve-se, durante a maior parte da vida, longe dos holofotes e morreu na sua terra natal, aos 88 anos, em 1985.

Suas contribuições para os movimentos negros e para o feminismo negro mundial começaram a ser reconhecidas nos anos 2000. Em 2024, foi uma das dez mulheres homenageadas na abertura das Olimpíadas de Paris. Nos relatos de quem convivia com ela, destaca-se a lembrança de uma frase que repetia constantemente: *"black is beautiful"*.

FEVEREIRO

Paulette Nardal

3   segunda-feira   ✱ Nascimento da filósofa e militante francesa
                                           Simone Weil (Paris, 1909 – Ashford, 1943).

4   terça-feira   ✱ Nascimento da ativista negra estadunidense
                                           Rosa Parks (Tuskgee, 1913 – Detroit, 2005).

5   quarta-feira
☽

6   quinta-feira

7   sexta-feira

8   sábado   **9   domingo**

FEVEREIRO

"As mulheres negras que viviam sozinhas na metrópole, menos favorecidas que os seus pares masculinos, facilmente bem-sucedidos, sentiram muito antes deles a necessidade de uma solidariedade racial que não seria apenas de ordem material. Foi assim que elas despertaram para a consciência racial."

PAULETTE NARDAL
La Revue du Monde Noir

10 segunda-feira

---

11 terça-feira

✱ Nascimento da escritora guadalupense, francófona, Maryse Condé (Pointe-à-Pitre, 1934 – Vaucluse, 2 de abril de 2024).

---

12 quarta-feira
●

---

13 quinta-feira

---

14 sexta-feira

---

15 sábado

✱ Nascimento da psiquiatra Nise da Silveira (Maceió, AL 1905 – Rio de Janeiro, RJ, 1999).

16 domingo

✱ Nascimento de Anne Lafont (França, 1970), historiadora de arte francesa.

FEVEREIRO

"Não se curem além da conta. Gente curada demais é gente chata. Todo mundo tem um pouco de loucura. Vou lhes fazer um pedido: Vivam a imaginação, pois ela é a nossa realidade mais profunda."

NISE DA SILVEIRA

17 segunda-feira

18 terça-feira

* Nascimento de Audre Lorde (Nova York, 1934 – Santa Cruz, Ilhas Virgens, 1992), poeta, escritora e ativista feminista e antirracista estadunidense.

19 quarta-feira

20 quinta-feira

21 sexta-feira

22 sábado

23 domingo

FEVEREIRO

"Entre as mulheres lésbicas, eu sou negra; e entre as pessoas negras, eu sou lésbica. Qualquer ataque contra as pessoas negras é um problema para lésbicas e gays, porque eu e milhares de outras mulheres negras somos parte da comunidade lésbica. Qualquer ataque contra lésbicas e gays é um problema para pessoas negras, porque milhares de lésbicas e homens gays são negros. Não existe hierarquia de opressão."

AUDRE LORDE
"Não existe hieraquia de opressão", em *Pensamento feminista: conceitos fundamentais*

24 segunda-feira

* Em 1932, após longa luta de sufragistas brasileiras como Leolinda Daltro e Bertha Lutz, o Código Eleitoral passou a prever o voto feminino. Em 1934, ele foi reconhecido na Constituição. A primeira mulher eleitora do Brasil, no entanto, foi Celina Guimarães, de Mossoró (RN), em 1927, após uma lei estadual estabelecer que não haveria distinção de gênero para o exercício do sufrágio. A primeira mulher eleita prefeita foi Alzira Soriano, em Lajes, também no Rio Grande do Norte. Tomou posse em janeiro de 1929.

25 terça-feira

26 quarta-feira

27 quinta-feira
○

28 sexta-feira

1 sábado

2 domingo

FEVEREIRO

"Recusar à mulher a igualdade de direitos em virtude do sexo é denegar justiça a metade da população"

BERTHA LUTZ

CAROLINA MARIA DE JESUS
ALÉM DAS FRONTEIRAS

A imagem da mulher negra com um lenço amarrado na cabeça em meio a barracos de madeira e roupas estendidas em varais se disseminou em todo o país quando o livro *Quarto de despejo – diário de uma favelada* encontrou um inesperado sucesso ao ser lançado, em 1960. Mas outra imagem, feita um ano mais tarde, transformou-se na marca do sucesso de Carolina Maria de Jesus: cabelos livres, bem-vestida, uma bolsa elegante na mão e um largo sorriso no rosto, Carolina posava em frente a um avião da Air France, no aeroporto de Viracopos. Estava a caminho do Uruguai, onde lançaria a edição de seu livro, àquela altura já publicado na Dinamarca, Holanda e Argentina, com números recordes de vendas no Brasil.

Nascida em 1914, na cidade de Sacramento, Minas Gerais, foi nas bordas da capital paulista que Carolina, autodidata com apenas alguns anos de educação formal, começou a transformar sua vivência em literatura. Chegou à capital paulista em 1947, instalando-se um ano depois na favela do Canindé, grávida do primeiro de seus três filhos, que criou sozinha. Com papel e lápis recolhidos do lixo, registrava a vida no lugar, expondo a brutalidade da fome, da pobreza e da invisibilidade social em palavras que eram ao mesmo tempo denúncia, reflexão e literatura. O lançamento do livro mudaria a sua vida. Em 1960, deixa o Canindé, e um ano depois compra uma casa no bairro Santana, de classe média alta, e lança o seu segundo livro: *Casa de alvenaria: diário de uma ex-favelada*. Em 1962, tem sua consagração internacional, com a chegada de *Quarto de despejo* a países como Estados Unidos, França e Japão. Em 1969, consegue comprar um desejado sítio em Parelheiros, na periferia de São Paulo. É lá que produziria seus últimos escritos e morreria, aos 63 anos, em 1977, em decorrência de insuficiência respiratória.

Os manuscritos de Carolina Maria de Jesus renderiam o livro póstumo *Diário de Bitita* (*Journal de Bitita*), publicado primeiramente na França, em 1982, pela editora Métailié. No livro, que chegaria no Brasil apenas em 1986, traduzido do francês, a infância, a adolescência e o começo da vida adulta de Carolina na roça são narrados a partir das memórias da pequena Bitita, como era chamada. Carolina, que escreveu peças, romances, composições musicais e poemas, não queria publicar apenas os seus diários. Queria ser reconhecida como romancista. Pois bem: atualmente a sua obra vem sendo publicada a partir do trabalho de uma comissão editorial integrada por sua filha Vera Eunice, pela escritora Conceição Evaristo, entre outras pesquisadoras. Assim, leitoras e leitores brasileiros podem conhecer mais a fundo a sua incomparável obra literária.

MARÇO

Carolina Maria de Jesus

3 segunda-feira

---

4 terça-feira

* Carnaval

---

5 quarta-feira

* Quarta-feira de cinzas.
* Nascimento da filósofa e economista marxista Rosa Luxemburgo (Polônia, 1871 – Alemanha, 1919).

---

6 quinta-feira
◐

---

7 sexta-feira

---

8 sábado

* Dia Internacional da Mulher

9 domingo

* Em 2015, a Constituição Federal reconheceu, a partir da Lei nº 13.104/2015, o feminicídio como um crime de homicídio qualificado.

MARÇO

50 anos da criação do Dia Internacional da Mulher.
A data foi oficializada pela ONU em 1975, instituído pela organização como o Ano Internacional das Mulheres, quando foram organizadas diversas ações voltadas ao combate das desigualdades e discriminação de gênero em todo mundo. O 8 de março, no entanto, já vinha sendo comemorado décadas antes. Em 1910, Clara Zetkin, ativista comunista e defensora dos direitos das mulheres, sugeriu no II Congresso Internacional de Mulheres Socialistas, em Copenhague, a criação do Dia Internacional da Mulher, sem determinar uma data. Alguns acontecimentos, como o incêndio em uma fábrica em Nova York, em 1911, que vitimou mais de 120 trabalhadoras, e uma grande greve de mulheres ocorrida na Rússia em 8 de março de 1917, firmaram a data.

10 segunda-feira

11 terça-feira

* Nascimento de Nièdi Guidon (1933), arqueóloga, pesquisadora e professora franco-brasileira.

12 quarta-feira

13 quinta-feira

14 sexta-feira

* Assassinato da vereadora e ativista Marielle Franco (Rio de Janeiro, 1979–2018).
* Nascimento da escritora Carolina Maria de Jesus (Sacramento, 1914 – São Paulo, 1977).

15 sábado

16 domingo

MARÇO

> "Quem inventou a fome
> são os que comem."
>
> **CAROLINA MARIA DE JESUS**
> *Quarto de despejo:
> diário de uma favelada*

17 segunda-feira

---

18 terça-feira

---

19 quarta-feira

---

20 quinta-feira

* Dia Internacional da Felicidade.
* Início do outono.

---

21 sexta-feira

* Dia Internacional Contra a Discriminação Racial.

---

22 sábado
◐

23 domingo

MARÇO

"As rosas da resistência nascem no asfalto. A gente recebe rosas, mas vamos estar com o punho cerrado falando de nossa existência contra os mandos e desmandos que afetam nossas vidas."

MARIELLE FRANCO, em 16 de março de 2018, ao receber flores de um homem no plenário da Câmara dos Vereadores do Rio, enquanto fazia um pronunciamento sobre o Dia Internacional da Mulher

24 segunda-feira

25 terça-feira

26 quarta-feira

✴ Nascimento de Benedita Silva (Rio de Janeiro, RJ, 1942), primeira mulher negra a ocupar um cargo de governadora no Brasil.

27 quinta-feira

28 sexta-feira

29 sábado
○

30 domingo

MARÇO

> "Contar uma história é desejar o fim. A felicidade guarda seus segredos e pede uma língua muda."
>
> **NADIA YALA KISUKIDI**
> *A dissociação*

JOSEPHINE BAKER, A LIBERDADE ENCARNADA

No panteão francês, onde estão enterrados os heróis e as heroínas da nação, há apenas seis mulheres – entre elas, Josephine Baker, única artista e mulher negra. Não é difícil entender a razão. Nascida em 1906 em St. Louis, Missouri, fez história como uma artista de vanguarda que quebrou tabus, encarnando em seu próprio corpo a liberdade e a emancipação feminina.

Mudou-se para Paris na década de 1920, em busca de trabalho, e na capital francesa logo se destacou como cantora, dançarina e atriz. Suas performances, sempre marcadas por ousadia e sensualidade, desafiavam estereótipos de gênero e raça, e a sua fama viajou o mundo. Em 1929, desembarcou no Rio de Janeiro para uma série de apresentações, vindo no mesmo navio de outro personagem que, como ela, impulsionava a modernidade: o arquiteto suíço Le Corbusier.

No Rio de Janeiro, Josephine encantou as plateias com suas coreografias exuberantes, exibindo um corpo coberto por uma exígua tanga. Não que a sociedade da época fosse progressista e estivesse preparada para o espetáculo *avant-garde* da dançarina, mas é verdade que o teatro de revista estava em alta, proporcionando diversão com temas jocosos e coristas que também tinham o corpo à mostra. Nada como Josephine... Eis que a passagem da musa francesa no Rio de Janeiro acabou por impulsionar o desejo de profissionalização das bailarinas locais. Josephine Baker anunciava a mulher moderna.

Ela se tornou também uma ativista engajada. Durante a Segunda Guerra Mundial, usou seus charme e prestígio para apoiar a resistência francesa, espionando para os Aliados e ajudando a recrutar soldados. Sua coragem em um período de conflito reforçou seu compromisso com a liberdade e a justiça. Isso a levaria de volta aos Estados Unidos na década de 1960, para somar forças na luta pelos direitos civis. Em 1963, ela se juntou à marcha em Washington, onde compartilhou o palco com Martin Luther King Jr., defendendo a igualdade racial e social. Seu ativismo a posicionou como uma voz poderosa na luta contra a discriminação.

Josephine Baker faleceu em 1975, em Paris, e sua imagem se consolidou como um ícone da liberdade das mulheres que fazem da arte e do próprio corpo poderosas ferramentas emancipatórias.

ABRIL

Josephine Baker

31 segunda-feira

---

1 terça-feira

* Após três anos do governo João Goulart, os militares tomam o poder, depõem o presidente e instauram a a ditadura militar brasileira, que perdurou de 1964 a 1985.

---

2 quarta-feira

---

3 quinta-feira

---

4 sexta-feira

* Nascimento da escritora francesa Marguerite Duras (Saigon, atual cidade de Ho Chi Minh, Vietnã – Paris, 1996)

---

5 sábado

6 domingo

ABRIL

"Dançarei toda a minha vida... Gostaria de morrer ficando sem fôlego, vazia, no final de uma dança."
JOSEPHINE BAKER

7 segunda-feira

* Nascimento da poeta, educadora e diplomata chilena Gabriela Mistral, a primeira latino-americana a ganhar o Nobel de Literatura.
* Sexta-feira Santa.
* Nascimento de Victoria Ocampo, Buenos Aires, Argentina, 1890 – 1979, Beccar).

8 terça-feira

9 quarta-feira

10 quinta-feira

11 sexta-feira

12 sábado
●

13 domingo

ABRIL

"Querida Virginia, sou uma pessoa voraz. E acredito que ter fome é tudo. Não tenho vergonha de ser faminta. Você não acha que amor é a nossa fome de amar? (Estou falando de amor em maiúsculo)."

VICTORIA OCAMPO
em carta a Virginia Woolf,
5 de dezembro de 1934.
Victoria Ocampo e Virginia Woolf: Correspondência

14 segunda-feira

15 terça-feira

16 quarta-feira

✱ Comício das Diretas em São Paulo, no ano de 1984, o último e o maior em favor das eleições diretas, e que reuniu mais de 1 milhão de pessoas.

17 quinta-feira

18 sexta-feira

✱ Dia Nacional do Livro Infantil.

19 sábado

✱ Nascimento de Cármen Lúcia Antunes Rocha, jurista e magistrada brasileira, ministra do Supremo Tribunal Federal (STF) do Brasil (Montes Claros, MG, 1954).

20 domingo

ABRIL

"Tentar dizer ainda não é escrever.
Preciso voltar mil vezes à linguagem
do depois de tudo para encontrar alguma
forma. Sempre fugidia ou fetal. Porque
depois de tudo, o que houve foi o
tempo do ter que esquecer."

ANA KIFFER
No muro da nossa casa

21 segunda-feira

---

22 terça-feira

* Nascimento de Germaine de Staël (Paris, França, 1766 – 1817), influente escritora e teórica política franco-suíça que se destacou durante a Revolução Francesa.

---

23 quarta-feira

---

24 quinta-feira

---

25 sexta-feira

---

26 sábado

27 domingo

* Nascimento da escritora, filósofa e defensora dos direitos da mulher Mary Wollstonecraft (Spitalfields, 1759 – Londres, 1797), autora de Reivindicação dos direitos da mulher.

ABRIL

"De todos os homens que eu não gosto, o meu marido é certamente o que prefiro"
GERMAINE DE STAËL

NIÈDE GUIDON,
A GUARDIÃ DA HISTÓRIA HUMANA

A vida de Nièdе Guidon é inseparável das paisagens milenares do Parque Nacional da Serra da Capivara, no Piauí. Filha de pai francês e mãe brasileira, ela nasceu em 12 de março de 1933, em Jaú, São Paulo, e cresceu com uma curiosidade que a levaria a se tornar um dos nomes mais respeitados da arqueologia brasileira e mundial. Sua trajetória começou na Universidade de São Paulo (USP), onde se graduou em História em 1959. Mas foi na França que ela aprofundou seu amor pela arqueologia e pela arte rupestre, especializando-se na Universidade de Sorbonne. Durante os anos em que atuou como professora na École des Hautes Études en Sciences Sociales, consolidou uma perspectiva crítica e inovadora, cruzando os caminhos entre ciência e patrimônio cultural.

Em 1973, Nièdе já integrava o Centre National de la Recherche Scientifique (CNRS) e atuava como assistente da renomada arqueóloga Annette Emperaire. Foi nesse ambiente que precisou fazer uma escolha que mudaria sua vida: embora envolvida em estudos em Lagoa Santa, Minas Gerais, sobre os primeiros vestígios humanos nas Américas, seu coração a levava em outra direção: o Piauí, região até então pouco explorada e onde encontrou um território que parecia intocado pelo tempo e guardava, nas rochas e cavernas, os vestígios de uma história que ela se dedicaria a desvendar.

As descobertas de Nièdе na Serra da Capivara não apenas trouxeram novas perguntas sobre a ocupação humana nas Américas, mas também desafiaram antigas teorias. Seus estudos indicavam que seres humanos podem ter habitado a região há mais de 100 mil anos, uma afirmação ousada frente à teoria de ocupação a partir do estreito de Bering, que indica uma data bem posterior, de 13 mil anos. Sua paixão e determinação foram reconhecidas em 1979 com a criação do Parque Nacional da Serra da Capivara, uma área que ela ajudou a preservar como patrimônio brasileiro e, mais tarde, mundial, com o título de Patrimônio Cultural da Unesco em 1991.

Alternando-se entre o Brasil e a França, Nièdе consolidou laços que ultrapassaram a ciência e o território. De um lado, sua base acadêmica e a colaboração com instituições francesas; de outro, a conexão visceral com o Piauí e o Brasil. Dois lados da mesma moeda: conhecimento e trabalho para proteger e promover a Serra da Capivara, defendendo a preservação cultural e ambiental de um espaço que narra, com suas rochas e pinturas, a saga humana. Com mais de 90 anos, Nièdе continua atuante e se tornou figura emblemática franco-brasileira dessa conexão de tempos, que é a história do Brasil e da própria humanidade.

MAIO

Nièdé Guidon

28 segunda-feira

29 terça-feira

30 quarta-feira

1 quinta-feira

* Dia da Literatura Brasileira.
* Dia Mundial do Trabalho.

2 sexta-feira

3 sábado

* Nascimento da escritora Nélida Piñon (Rio de Janeiro, RJ, 1937), a primeira mulher a assumir a presidência da Academia Brasileira de Letras, entre 1996 e 1997.

4 domingo

MAIO

> "Eu passo o presente procurando o passado."
> **NIÈDE GUIDON**

5 segunda-feira

* Nascimento de Alice Milliat
(Paris, Franca, 1884 – Lons-le-Saunier, Franca, 1957) foi uma atleta e organizadora dos primeiros Jogos Mundiais Femininos.

6 terça-feira

7 quarta-feira

8 quinta-feira

9 sexta-feira

* Nascimento de Celia Xakriabá (São João das Missões, MG, 1990), primeira mulher indígena a ser eleita deputada federal (PSOL) por Minas Gerais, com 101.078 votos.

10 sábado

11 domingo

* Dia das Mães.

MAIO

"Muito se fala de amar a pátria, mas a mãe do Brasil é indígena."

CÉLIA XAKRIABÁ, em entrevista para o Centro de Documentação Eloy Ferreira da Silva (Cedefes)

12 segunda-feira
●

13 terça-feira

14 quarta-feira

15 quinta-feira

16 sexta-feira

✱ Criação da Comissão Nacional da Verdade do Brasil (2012).

17 sábado

18 domingo

MAIO

"Quando o cortejo de médicos desapareceu, revelou-se uma realidade na qual não havia pensado: eu havia dado a luz a um novo mundo, porque aquele em que meus filhos não existiam havia desaparecido, e hoje tudo começou. O parto havia aberto a porta que conecta o ser e o não ser, a vida e a morte, a luz e a obscuridade, e eu não poderia fechá-la nunca mais."

MAR GARCÍA PUIG
A história dos vertebrados,
lançamento Clube F. 2025

19 segunda-feira

---

20 terça-feira
◐

* Nascimento da teórica e escritora feminista Nancy Fraser (Baltimore, EUA, 1947).

---

21 quarta-feira

---

22 quinta-feira

---

23 sexta-feira

---

24 sábado | **25 domingo**

MAIO

26 segunda-feira

---

27 terça-feira
○

---

28 quarta-feira

---

29 quinta-feira

* Nascimento de Louise Michel (Vroncourt-la-Côte, França, 1830 – Marselha, França, 1905), escritora, professora, anarquista e ativista pelos direitos das mulheres. Participou ativamente da Comuna de Paris.

---

30 sexta-feira

* Nascimento da cineasta Agnès Varda (Ixelles, Bélgica, 1928 – Paris, 2019).

---

31 sábado | **1** domingo

MAIO

> "Eu tentei viver o feminismo de uma forma alegre, maeu estava com muita raiva."
>
> **AGNÈS VARDA**
> *Les plages d'Agnès*

HÉLÈNE CIXOUS:
ELA É BELA E ELA RI

"É preciso que a mulher se escreva: que a mulher escreva sobre a mulher e que faça as mulheres virem à escrita, da qual foram afastadas tão violentamente quanto o foram de seus corpos; pelas mesmas razões, pela mesma lei, com o mesmo objetivo mortal." É difícil escolher apenas um trecho de O riso da Medusa, uma das obras seminais do feminismo mundial. Todo o ensaio é repleto de reflexões inspiradoras e frases para sublinhar e guardar.

Escrito em 1975 e traduzido em diversos idiomas, o livro chegou ao Brasil com mais de quarenta anos de atraso, mas com uma atualidade impressionante, consagrando Hélène Cixous como uma das pensadoras mais influentes do cenário contemporâneo. Sua produção monumental, que continua em seu apartamento no 13º arrondissement em Paris, abrange ensaios, obras ficcionais e peças de teatro.

Nascida em 1937, em Orão, na Argélia, no calor e na mistura cultural do norte da África, Hélène, judia, filha de mãe austríaca e pai argelino-francês, sempre carregou o espírito de fronteiriça – uma mulher entre continentes e culturas. Ao chegar à França nos anos 1950 para estudar literatura inglesa, conquistou rapidamente espaço na intelectualidade francesa, estabelecendo parcerias com Jacques Derrida, com quem criou revistas e até mesmo a Universidade de Vincennes. Na efervescente Paris dos anos 1960 e 1970, Cixous lançou suas ideias revolucionárias sobre a escrita feminina, questionando a estrutura patriarcal da literatura e convocando as mulheres a usarem a escrita como espaço de criação e emancipação.

Professora de literatura na Universidade de Paris VIII, onde fundou o Centro de Estudos Femininos e Estudos de Gênero – um dos primeiros da Europa –, Cixous formou gerações de pensadoras que viam a literatura como campo de resistência. Apesar de seu estilo complexo, marcado por simbolismos e influências da psicanálise, Cixous trata de temas universais: amor, perda, identidade, exílio. Sua leitura de Clarice Lispector foi decisiva para a internacionalização da escritora brasileira. O que lhe interessa é pensar a experiência do feminino e a escrita como um espaço de permanente reinvenção.

JUNHO

Hélène Cixous

2 segunda-feira

---

3 terça-feira

* Nascimento de Josephine Baker (Saint-Louis, Estados Unidos, 1906 – Paris, 1975), dançarina, cantora e ativista feminista estadunidense naturalizada francesa.

---

4 quarta-feira

---

5 quinta-feira

* Nascimento da ensaísta, dramaturga, poeta e crítica literária francesa Hélène Cixous (Oran, Argélia, 1937).
* Nascimento da estilista brasileira Zuzu Angel (Curvelo, MG, 1921 – Rio de Janeiro, RJ, 1976).
* Dia Mundial do Meio Ambiente

---

6 sexta-feira

* Nascimento de Chantal Akerman (Bruxelas, 1950 – Paris, 2015), diretora, atriz e roteirista belga.

---

7 sábado

8 domingo

JUNHO

"Se solte! Solte tudo! Perca tudo! Tome ar! Decole! Pegue a carta! Escuta: nada foi encontrado. Nada foi perdido. Tudo ainda está a ser buscado. Vai, voeroube, nade, salte, caia, atravesse, ame o desconhecido, ame o incerto, ame o que ainda não foi visto, ame o ninguém que você é, que você será, se abandone, se absolva de velhas mentiras, ouse o que você não ousa, é aí que você gozará; não faça jamais de seu aqui um lá; se regozije, se regozije do terror, vá onde você tem medo de ir, se lance, é por aí!"

HÉLÈNE CIXOUS
A chegada da escrita

9 segunda-feira

✳ Nascimento de Bertha von Suttner (Praga, 1843 – Viena, 1914), primeira mulher a ganhar o Nobel da Paz, em 1905, e foi, uma das idealizadoras da homenagem.

10 terça-feira

11 quarta-feira
●

12 quinta-feira

✳ Dia dos Namorados.

13 sexta-feira

✳ Nascimento de Ruth Guimarães (Cachoeira Paulista, 1920 – 2014), escritora e uma das maiores estudiosas do folclore brasileiro.

14 sábado

15 domingo

JUNHO

"Minha prima e eu andávamos juntas desde sempre. Nossas mães engravidaram com dois meses de diferença. Elas nos deram o peito juntas, tiraram nossas fraldas juntas, pegamos catapora juntas. Era quase óbvio que, quando crescêssemos, iríamos compartilhar uma casa e brincar de comidinha e bonecas, mas na vida real. Pensei que seríamos ela e eu, sempre. Mas os adultos estragam as coisas."

ARELIS URIBE
As vira-latas

16 segunda-feira

17 terça-feira

18 quarta-feira
◐

19 quinta-feira ✱ Corpus Christi.

20 sexta-feira ✱ Início do inverno.

21 sábado ✱ Nascimento da professora, poeta e ensaísta Anne Carson (Toronto, Canadá, 1950).

22 domingo

JUNHO

> "alguns acham que o mundo é feito de corpos
> alguns que é feito de forças
> eu acho que um homem não conhece nada além do próprio pé quando a carne queima no fogo quente."

ANNE CARSON
Antigonick, lançamento Clube F. 2025

23 segunda-feira

24 terça-feira

✱ Nascimento de Sueli Carneiro (São Paulo, SP, 1950), filósofa, ativista e fundadora do Geledés – Instituto da Mulher Negra.

25 quarta-feira
○

26 quinta-feira

27 sexta-feira

28 sábado

29 domingo

JUNHO

"Enegrecer o movimento feminista brasileiro significa, concretamente, demarcar e instituir na agenda do movimento de mulheres o peso que a questão racial tem na configuração, por exemplo, das políticas demográficas, na caracterização da questão da violência contra a mulher pela introdução do conceito de violência racial como aspecto determinante das formas de violência sofridas por metade da população feminina do país, que não é branca."

SUELI CARNEIRO, "Enegrecer o feminismo", em *Pensamento Feminista: conceitos fundamentais*

SIMONE VEIL
E O DIREITO AO ABORTO

No braço pousado na tribuna, Simone Veil levava gravado o número 78651, marca do ano que viveu, ainda adolescente, no campo de concentração de Auschwitz, no qual perdeu a mãe e o pai. Em novembro de 1974, então ministra da Saúde, Simone Veil discursou na Assembleia Nacional francesa colocando em votação a legalização do aborto, que naquela época obrigava cerca de 300 mil mulheres a procurar saídas clandestinas, humilhantes e perigosas para interromper a gravidez indesejada na França. "Eu gostaria, antes de tudo, de compartilhar com os senhores uma convicção de mulher – peço desculpas por fazê-lo diante desta Assembleia quase exclusivamente composta de homens: nenhuma mulher recorre com alegria ao aborto. Basta escutar as mulheres. O aborto sempre é um drama e permanecerá sempre um drama", disse ela na parte inicial do discurso.

Simone encarou a missão com coragem, enfrentando uma oposição virulenta, sendo alvo de insultos e xingamentos. Manteve-se firme respondendo tecnicamente às questões apresentadas por homens sobre o corpo das mulheres. Após cerca de 25 horas de intenso debate, com intervenção de 74 oradores, a lei que autoriza o aborto foi aprovada pela Assembleia francesa, às 3h40 do dia 29 de novembro de 1974, por 284 votos contra 189. Simone Veil, advogada de formação, que seria a primeira presidente do Parlamento Europeu, em 1979, garantiu esse importante direito às mulheres na França, inspirando lutas em outras partes do mundo. Morreu em junho de 2017, em Paris, às vésperas de completar 90 anos. Em 2018, seu corpo foi levado para o Panteão, onde jazem os heróis e heroínas nacionais do país.

Em 2024, cinquenta anos após a noite histórica comandada por Simone Veil, o direito ao aborto torna-se constitucional na França. Enquanto isso, no Brasil, as mulheres ainda lutam para que não percam o direito à interrupção da gravidez nos poucos casos permitidos pela lei, como o estupro. Simone Veil e suas palavras continuam sendo um combustível para esse combate.

JULHO

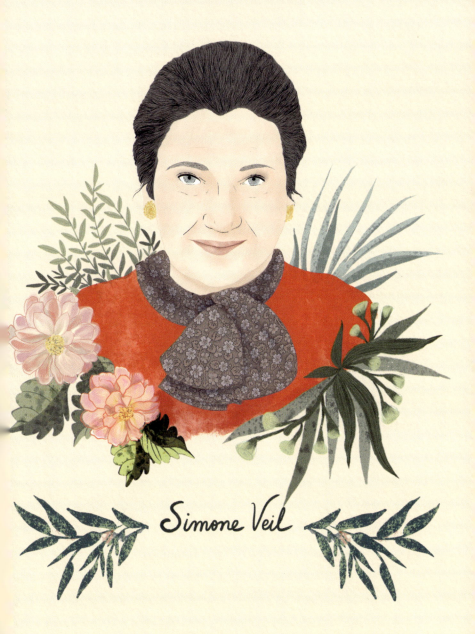

Simone Veil

30 segunda-feira

1 terça-feira

* Nascimento da cineasta, pioneira do cinema francês, Alice Guy-Blaché (Saint-Mandé, 1873 – Wayne, 24 de março de 1968).

2 quarta-feira ☽

3 quinta-feira

4 sexta-feira

5 sábado

* Nascimento da professora, jornalista e política marxista alemã Clara Zetkin (Konigshain-Wiederau, 1857 – Rússia, 1933).

6 domingo

JULHO

"Não faço parte do grupo de pessoas que temem o futuro".

SIMONE VEIL, em discurso de aprovação da lei que legalizou o aborto na França, em 1974

7	**segunda-feira**

8	**terça-feira**

9	**quarta-feira**

10 **quinta-feira**
●

| **11** | **sexta-feira** | ✱ Nascimento da professora e criadora do Dia das Professoras, Antonieta de Barros (Florianópolis, SC, 1901–1952). |

| **12** | **sábado** | ✱ Nascimento da historiadora, escritora e roteirista Beatriz Nascimento (Aracaju, SE, 1942 – Rio de Janeiro, RJ, 1995). | **13** | **domingo** | ✱ Nascimento da política francesa Simone Veil (Nice, 1927 – Paris, 2017). |

JULHO

"A Terra é o meu quilombo.
Meu espaço é meu quilombo.
Onde eu estou, eu estou.
Quando eu estou, eu sou."

BEATRIZ NASCIMENTO
no filme *Orí* (1989)

14 segunda-feira

15 terça-feira

16 quarta-feira

17 quinta-feira

18 sexta-feira

* É realizado em Bogotá, na Colômbia, o 1º Encontro de Feministas Latino-americanas e Caribenhas (Eflac), em 1981.

19 sábado

20 domingo

JULHO

"Perceber o que faz um território é compor com potências. É preciso honrá-las. Fazer um território é criar modos de atenção, mais precisamente instaurar novos regimes de atenção. [...] Em suma, parar, escutar, escutar novamente: aqui, agora, alguma coisa importante acontece e é criada."

VINCIANE DESPRET
Habitar o pássaro,
lançamento da Coleção Desnaturadas 2025

21 segunda-feira

22 terça-feira

23 quarta-feira

24 quinta-feira
○

25 sexta-feira

26 sábado
* Nascimento da professora, escritora e crítica literária feminista Heloisa Teixeira (Ribeirão Preto, 1939), uma das principais pensadoras do feminismo no Brasil.

27 domingo
* Nascimento de Marielle Franco (Rio de Janeiro, 1979-2018).
* Nascimento da exploradora francesa Jeanne Barret (1740-1807), primeira mulher a dar a volta ao mundo em um barco.

JULHO

"Temos uma longa estrada ainda a ser percorrida até que todas as mulheres se sintam iguais e articuladas na defesa de seus direitos. Mas essa é também uma estrada bela."

HELOISA TEIXEIRA
(então, Buarque de Hollanda)
Feminista, eu?

28 segunda-feira

29 terça-feira

30 quarta-feira

31 quinta-feira

1 sexta-feira
◐

2 sábado

3 domingo

AGOSTO

FRANÇOISE D'EAUBONNE
E A REVOLUÇÃO ECOLÓGICA FEMINISTA

"Feminismo ou morte." A premissa pode parecer radical, mas o pensamento de Françoise d'Eaubonne, resumido na frase que é também título de um dos seus livros, antecipou em grande medida as previsões de esgotamento ecológico do planeta e a conexão desse contexto com o patriarcado e seu *modus operandi* de exploração ambiental. Nascida em 1920 na cidade de Toulouse, Françoise chega a Paris aos 27 anos, em 1944, trazendo na bagagem ideias combativas. Parte de uma família politicamente engajada, Françoise participou desde cedo de debates sobre justiça, liberdade e direitos humanos e foi formando suas próprias convicções. Ao contrário do que se esperaria em uma época de prosperidade econômica e avanço industrial, ela percebeu que o crescimento desenfreado estava destruindo a natureza e alimentando as estruturas de opressão de gênero.

Em 1974, cria seu mais famoso conceito, o "ecofeminismo", que balançaria as estruturas acadêmicas e ativistas da época. Françoise propunha uma revolução que unisse as lutas feministas e ambientais, sugerindo que a mesma mentalidade de dominação que explorava a Terra era a que subjugava as mulheres. Sem temer o confronto, d'Eaubonne demonstrou como o capitalismo, aliado ao patriarcado, esgotava os recursos naturais e explorava vidas, tanto humanas quanto não humanas. Mais do que um conceito, o ecofeminismo de Françoise d'Eaubonne tornava-se um chamado à ação, convocando mulheres e homens a unir forças para proteger a vida em todas as suas formas.

Ainda que tenha vivido grande parte da vida na França, suas ideias ecoaram em vários países. Escrevia incansavelmente, publicando romances, ensaios e manifestos que inspiraram novas gerações de ativistas ao redor do mundo. Nos anos 1980 e 1990, com a escalada das discussões sobre mudança climática, Françoise viu suas teorias tomarem força em movimentos sociais cada vez mais diversos e interseccionais.

A intensidade de seu pensamento e sua capacidade de prever o impacto das crises ecológicas e sociais fizeram dela uma pioneira. Embora talvez não enxergasse a dimensão de sua influência na época, Françoise d'Eaubonne havia dado à luz uma das correntes mais transformadoras do ativismo ambiental e feminista. Ao falecer em 2005, ela já era reconhecida como uma visionária, cujas ideias seriam cultivadas e expandidas na luta contra a devastação ambiental. Duas décadas após a sua morte, ela tem, finalmente, seu primeiro livro publicado no Brasil, neste ano de 2025.

AGOSTO

Françoise d'Eaubonne

4 segunda-feira

---

5 terça-feira

* Nascimento da sindicalista e líder do movimento pelos direitos trabalhistas das mulheres no campo Margarida Maria Alves (Alagoa Grande, PB, 1933 – 1983), cujo nome deu origem à Marcha das Margaridas, realizada todos os anos desde 2000.

---

6 quarta-feira

---

7 quinta-feira

* Criação da Lei Maria da Penha (lei n. 11.340/2006), criada para coibir e prevenir a violência doméstica e familiar contra as mulheres. Desde 2022, o mês de agosto é marcado no Brasil pela campanha Agosto Lilás, voltada para a conscientização e o combate da violência contra a mulher.

---

8 sexta-feira

---

9 sábado
●

* Dia Internacional dos Povos Indígenas.

10 domingo

* Dia dos Pais

AGOSTO

"Trata-se de arrancar o planeta do macho de hoje para devolvê-lo à humanidade de amanhã... Pois se a sociedade masculina perdurar, não haverá mais humanidade no amanhã."

FRANÇOISE D'EAUBONNE
Feminismo ou morte,
lançamento Clube F. 2025

11 segunda-feira

✱ Nascimento da escritora francófona Suzanne Césaire (Martinica, 1915 – Yvelines, França, 16 de maio de 1966).

12 terça-feira

13 quarta-feira

14 quinta-feira

✱ Nascimento da antropóloga, professora e ativista feminista argentina Rita Segato (Buenos Aires, 1951).

15 sexta-feira

16 sábado
◐

17 domingo

AGOSTO

"É possível uma sociedade em que permaneça o gênero, mas não o patriarcado? Patriarcado e gênero são, na verdade, a mesma e indissociável estrutura? Da forma como os conhecemos, sim. [...] Se sabemos algo sobre a história, é que ela é e deve ser imprevisível. É em sua imprevisibilidade que aprofunda nossa esperança de sermos livres."

RITA SEGATO
As estruturas elementares da violência, lançamento Clube F. 2025

18 segunda-feira

19 terça-feira

* Dia do historiador e da historiadora.

20 quarta-feira

21 quinta-feira

22 sexta-feira

23 sábado

* Nascimento de Jacqueline Charlotte Dufresnoy (Paris, 1931– Marselha, 2006), conhecida como Coccinelle. Foi a primeira celebridade francesa a mudar de gênero oficialmente, lutando por reconhecimento legal e direitos civis nas décadas de 1950 e 1960.

24 domingo

AGOSTO

"Para as mulheres brasileiras, entre todas as fronteiras, a da política foi e continua sendo a mais difícil de transpor."

HELOISA STARLING E ANTONIA PELLEGRINO,
Independência do Brasil - As mulheres que estavam lá

25 segunda-feira

26 terça-feira

27 quarta-feira

28 quinta-feira

29 sexta-feira

30 sábado

31 domingo
◗

AGOSTO

"O corolário é simples: uma escritora tem sempre a obrigação de ser genial, um escritor pode contentar-se em ser bom, aceitável ou francamente medíocre, porque até a mediocridade lhe renderá um espaço no campo literário, um espaço que já era garantido pelo mero pertencimento a um gênero."

BETINA GONZÁLEZ,
A obrigação de ser genial

TARSILA DO AMARAL,
A TORRE EIFFEL EM MADUREIRA

Aos 34 anos, em 1920, Tarsila do Amaral desembarca em Paris para seguir seus estudos em artes plásticas. Uma jovem carismática, bonita, rica e culta, ela faz logo sucesso no meio artístico, tornando-se próxima de pintores como Pablo Picasso e Fernand Léger, e de escritores como Jean Cocteau e Blaise Cendrars.

Mas Tarsila, nascida em 1886 no interior de São Paulo, em uma família de abastados produtores de café, tinha uma missão mais importante que circular pelo grand monde parisiense: ela estava em busca de um estilo próprio para sua arte, liberta do estilo acadêmico, que refletisse as mudanças vividas no seu país, com o crescimento das cidades, os carros tomando as ruas e o desejo de modernização. Talvez ela não tivesse essa dimensão à época, mas estava naquele momento operando uma verdadeira revolução que ajudaria a criar as bases da arte moderna brasileira.

Mesmo estando na França, o Brasil sempre foi seu tema. Num quadro em que se tem a torre Eiffel como imagem central, nós a vemos transportada para um cenário tropical de montanhas, casebres e coqueiros, em pleno Carnaval. Não à toa, o quadro é intitulado *Carnaval em Madureira* (1924). Foi, portanto, desse encontro de contrastes que nasceu seu estilo: da arte moderna europeia veio a simplificação das formas e os blocos de cores; e do Brasil, os temas, a intensidade das cores e das formas vivas inspiradas pela natureza, pelo folclore e pelas vivências da infância.

De volta ao Brasil, em 1922, Tarsila formaria com os escritores Mário de Andrade, Menotti del Picchia e Oswald de Andrade, que se tornaria seu marido, além da pintora Anita Malfatti, sua grande amiga, o chamado Grupo dos Cinco, com uma importante atuação que expandiu e consolidou a arte moderna no país. Após a crise de 1929, que atingiu diretamente os negócios da família, sua pintura se tornou mais engajada e política. Ela se casou outras vezes, participou de exposições em vários países e morou outras temporadas em Paris. Em 1965, um erro médico durante uma cirurgia na coluna a deixou tetraplégica. Logo depois, perdeu a sua filha única e se aproximou do espiritismo. Faleceu em 1973, já celebrada como uma das mais importantes artistas brasileiras de todos os tempos.

SETEMBRO

Tarsila do Amaral

1   **segunda-feira**   ✱ Nascimento da pintora modernista Tarsila do Amaral (Capivari, SP, 1886–São Paulo, SP, 1973).

2   **terça-feira**

3   **quarta-feira**

4   **quinta-feira**

5   **sexta-feira**

6   **sábado**

7   **domingo**   ✱ Independência do Brasil.

SETEMBRO

"Quero ser a pintora do meu país."
TARSILA DO AMARAL

8 segunda-feira

9 terça-feira

* Criação da campanha Agosto Lilás, por meio da lei n. 14.448, de 9 de setembro de 2022. O objetivo do Agosto Lilás é dar visibilidade ao tema, divulgar os direitos das mulheres, e orientar sobre os serviços de acolhimento, orientação e denúncia.

10 quarta-feira

11 quinta-feira

12 sexta-feira

13 sábado

14 domingo

SETEMBRO

> "A história das mulheres pode ser contada a partir de diversos silenciamentos históricos: o silenciamento político, o silenciamento econômico, o silenciamento jurídico. O silêncio foi a condição histórica das mulheres nos espaços de poder e de prestígio."
>
> **ARIELLE SCARPATI, BEATRIZ ACCIOLY LINS E SILVIA CHAKIAN,**
> *Precisamos falar de consentimento*

15 segunda-feira

16 terça-feira

17 quarta-feira

18 quinta-feira

19 sexta-feira

20 sábado

21 domingo

* Dia Nacional da Luta da Pessoa com Deficiência.

SETEMBRO

22 segunda-feira

✱ Início da primavera.

23 terça-feira

24 quarta-feira

✱ Nascimento da jornalista, cronista e escritora Júlia Lopes de Almeida (Rio de Janeiro, 1962 – 1934).

25 quinta-feira

✱ Nascimento da escritora, professora, teórica feminista e ativista antirracista bell hooks (Hopkinsvlle, 1952 – Berea, 2021).

26 sexta-feira

✱ Nascimento de Gloria Anzaldúa (Texas, Estados Unidos – Santa Cruz Califórnia, 2004).

27 sábado

28 domingo

SETEMBRO

"O feminismo vencerá, porque não nasceu da vaidade, mas da necessidade que obrigada a triunfar."

JÚLIA LOPES DE ALMEIDA,
Júlia do Rio – crônicas da belle époque carioca

NÍSIA FLORESTA
A REVOLUÇÃO PELA EDUCAÇÃO

Em pleno século XIX, Dionísia Gonçalves Pinto, mais conhecida como Nísia Floresta, desafiou as normas conservadoras do Brasil de sua época. Nascida em 1810 no Rio Grande do Norte, Nísia rejeitava as amarras impostas às mulheres e defendia a educação como caminho para a emancipação feminina.

Aos 21 anos, mudou-se para o Rio de Janeiro e, pouco depois, publicou *Direitos das mulheres e injustiça dos homens*. A obra, inspirada nos textos pioneiros de Mary Wollstonecraft e Mary Wortley Montagu, introduziu as reivindicações feministas no Brasil. Em um dos trechos, ela questiona: "Por que [os homens] se interessam em nos separar das ciências a que temos tanto direito como eles?"

Nísia era uma figura singular para sua época: educada e independente. Gilberto Freyre a descreveu como uma "verdadeira machona entre as sinhazinhas dengosas do meado do século XIX". Após lançar seu primeiro livro, mudou-se com a família para Porto Alegre, mas, com o início da Revolução Farroupilha, retornou ao Rio de Janeiro. Lá, em 1838, fundou o Colégio Augusto, onde implementou ideias inovadoras de educação para meninas, oferecendo acesso a matérias antes exclusivas dos homens.

Em 1847, Nísia publicou diversas obras pedagógicas. Dois anos depois, viúva, mudou-se para Paris, onde assistiu às conferências de Auguste Comte, estabelecendo com ele uma sólida amizade. Essa relação influenciou profundamente seu pensamento, culminando na publicação de *Opúsculo humanitário* (1853).

Entre 1856 e 1872, Nísia viveu na França, período em que escreveu sobre as viagens que fez pela Europa e consolidou sua relação com o feminismo europeu. Suas ideias, ancoradas na educação e na literatura, lançaram as bases para uma militância pioneira no Brasil.

Nísia Floresta faleceu em 1885, em Rouen, após quase três décadas na França. Sua trajetória abriu caminho para o debate sobre igualdade de gênero no país, conectando o pensamento feminista internacional às demandas locais.

OUTUBRO

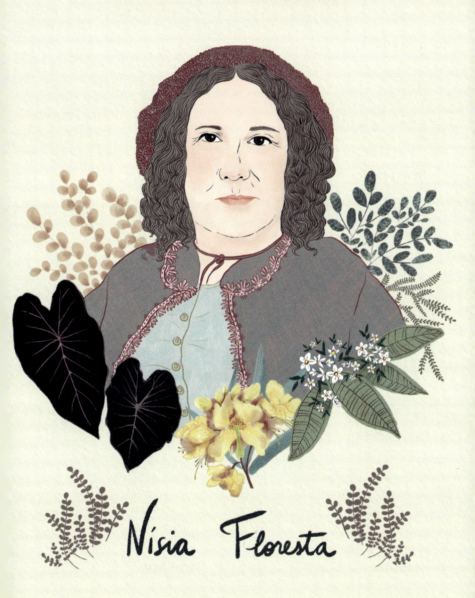

Nísia Floresta

29 segunda-feira
◐

----

30 terça-feira

----

1 quarta-feira

----

2 quinta-feira

----

3 sexta-feira

----

4 sábado | **5** domingo

SETEMBRO/OUTUBRO

"Flutuando como barco sem rumo ao sabor do vento neste mar borrascoso que se chama mundo, a mulher foi até aqui conduzida segundo o egoísmo, o interesse pessoal, predominante nos homens de todas as nações."

NÍSIA FLORESTA
Direitos das mulheres e Injustiça dos homens

6   **segunda-feira**

7   **terça-feira**
●

8   **quarta-feira**

✱ Nascimento da filósofa, escritora e professora Nadia Yala Kisukidi (Bruxelas, Bélgica, 1978).

9   **quinta-feira**

10   **sexta-feira**

11   **sábado**

12   **domingo**

✱ Nascimento de Nísia Floresta (Rio Grande do Norte, RN, 181[?]–Rouen, França, 1885), educad[ora] feminista e escritora brasileira

✱ Nascimento de Paulette Nard[al] (Martinica, 1896-1985), escrito[ra] jornalista francesa da Martinic[a]

✱ Dia de Nossa Senhora Aparec[ida]

OUTUBRO

13 segunda-feira

14 terça-feira

* Nascimento da filósofa política alemã Hannah Arendt (Linden, Alemanha, 1906 – Nova York, Estados Unidos, 1975).

15 quarta-feira

16 quinta-feira

17 sexta-feira

18 sábado

19 domingo

OUTUBRO

"O que salva os assuntos dos mortais humanos à sua futilidade intrínseca não é senão o comentário incessante a respeito deles, que por sua vez é fútil a menos que dele surjam certos conceitos, certos pontos de referência para uma futura lembrança e mesmo uma simples menção."

HANNAH ARENDT

20 segunda-feira

21 terça-feira

22 quarta-feira

23 quinta-feira

24 sexta-feira

25 sábado

26 domingo

OUTUBRO

"Talvez nada seja mais africano que os mundos inventados pelas mulheres e pelos homens escravizados, a necessária comunidade africana forjada diante da ameaça do aniquilamento social. Uma alternativa identitária se fez, portanto, indispensável ao longo da penosa travessia atlântica. Ela foi acompanhada de um deslocamento: do sentimento de pertencimento à comunidade social, própria à condição de escravizado. Esse deslocamento fez surgir essa terra mítica das origens, a África, agora prestes a ancorar a nova identidade das pessoas mantidas na escravidão."

ANNE LAFONT,
A arte dos mundos negros

27 segunda-feira

28 terça-feira

29 quarta-feira

30 quinta-feira

31 sexta-feira

1 sábado

2 domingo   * Finados

OUTUBRO/NOVEMBRO

"Uma cosmovida: essa talvez seja uma proposição para uma política que, em vez de exigir o mesmo, seria sustentada pela divergência."

MARISOL DE LA CADENA
Seres-terra: Cosmopolítica em mundos andinos

MARGUERITE DURAS
OS LUGARES SUBLIMES DA ESCRITA

As experiências e memórias dos anos de infância e adolescência vividos no Vietnã alimentaram boa parte da literatura de Marguerite Duras, uma das mais importantes vozes do século XX. Nascida em 1914, ao norte de Saigon, Marguerite cresceu em meio à realidade colonial. Após a morte do pai, quando tinha 5 anos, sua família permaneceu na Indochina Francesa até que, aos 18 anos, ela se mudou para a França a fim de estudar Direito.

Em Paris, conheceu Robert Antelme, intelectual com quem se casou em 1939. Juntos, abriram sua casa para figuras como Georges Bataille e Maurice Blanchot, criando um vibrante núcleo intelectual em Saint-Germain-des-Prés. A prisão de Antelme pelos nazistas durante a Segunda Guerra Mundial inspirou os diários em que Marguerite registrou sua angústia na França ocupada e sua corajosa atuação na Resistência. Esses escritos dariam origem a *A dor*, uma de suas obras mais impactantes. "A dor é a coisa mais importante da minha vida", afirmou.

Sua estreia literária aconteceu nos anos 1940, com *Les impudents* e *La vie tranquille*. Em 1950, *Uma barragem contra o Pacífico*, inspirado em sua infância, marcou o início de um período prolífico, em que publicou romances, roteiros e peças que desafiavam as convenções. Nos anos 1960, Marguerite explorou o cinema, dirigindo obras como *Destruir, disse ela* (1969) e *India Song* (1972).

Foi com *O amante*, inspirado em suas experiências amorosas e sexuais na Indochina, que alcançou consagração. Publicado em 1984, quando tinha 70 anos, o livro recebeu o prêmio Goncourt e vendeu mais de 2,5 milhões de exemplares. Na mesma época, conheceu Yann Andrea Steiner, jovem fã que se tornou seu companheiro até sua morte. A relação inspirou obras como *Yann Andrea Steiner* (1992) e outros textos que narram momentos conturbados, como seu tratamento contra o alcoolismo, retratado em *A vida material*.

Marguerite Duras morreu em Paris em 1996. Criou um estilo literário singular, ao mesmo tempo de difícil definição e fácil reconhecimento. Uma gramática, um ritmo, um vocabulário próprios com os quais tratou em seus livros dos temas centrais de sua voda: a escrita, a sexualidade feminina, a loucura, a memória, a espera e o amor.

NOVEMBRO

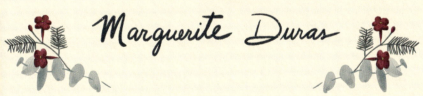

3   segunda-feira

4   terça-feira

5   quarta-feira
●

6   quinta-feira

7   sexta-feira

8   sábado   **9   domingo**

NOVEMBRO

"Quando escrevemos, há uma espécie de instinto em jogo. A escrita já está lá, na noite. Escrever estaria no exterior de si próprio, numa confusão de tempos."

MARGUERITE DURAS,
A vida material,
lançamento Clube F. 2025

10 segunda-feira

* Realização da COP 30 em Belém do Pará, evento central para as discussões sobre mudanças climáticas e conservação ambiental na Amazônia e em outras regiões do planeta.

11 terça-feira

12 quarta-feira

* Marguerite Duras recebe em 1984, o prestigiado Prêmio Congourt, em 1984, pelo livro *O amante*, aos 70 anos de idade.

13 quinta-feira

14 sexta-feira

15 sábado

* Proclamação da República.

16 domingo

NOVEMBRO

"Recusamos as alternativas infernais, pois não precisamos de tutores nesse tempo de catástrofes: é a Terra que nos convoca, é com ela que estamos dispostos a compor para resistir."

ALYNE COSTA
Cosmopolíticas da terra: Modos de existência e resistência no Antropoceno, lançamento Coleção Desnaturadas 2025

17 segunda-feira

---

18 terça-feira

---

19 quarta-feira   ✼ Dia da Bandeira.

---

20 quinta-feira   ✼ Dia Nacional de Zumbi
○   e da Consciência Negra.

---

21 sexta-feira

---

22 sábado   **23** domingo

NOVEMBRO

"Essa capacidade de persistir,
ainda que das maneiras mais simples,
é um trabalho que as mulheres negras
realizam há muito tempo."

ALICE WALKER
Em busca dos jardins de nossas mães

24 segunda-feira

25 terça-feira

* Dia Internacional de Não Violência contra as Mulheres, criado em homenagem às irmãs Minerva, Patria e Maria Teresa Mirabal, filhas de um pequeno proprietário de terras da República Dominicana, perseguidas, estupradas e assassinadas neste dia, em 1960, pelo ditador Rafael Trujillo.

26 quarta-feira

27 quinta-feira

28 sexta-feira

29 sábado

* Nascimento da poeta e escritora Conceição Evaristo (Belo Horizonte, MG, 1946).

30 domingo

NOVEMBRO

"A noite não adormece
nos olhos das mulheres
a lua fêmea, semelhante nossa,
em vigília atenta vigia a nossa memória.
A noite não adormece
nos olhos das mulheres
há mais olhos que sono
onde lágrimas suspensas
virgulam o lapso
de nossas molhadas lembranças."

CONCEIÇÃO EVARISTO, trecho do poema
"*A noite não adormece nos olhos das mulheres*",
selecionado por Ana Rüsche e Lubi Prates para
a antologia *Inesquecíveis*, lançamento 2025

CLAUDE CAHUN:
UMA PIONEIRA *QUEER*

Poucas personalidades foram tão contestadoras e fascinantes como Claude Cahun, precursora do debate em torno do gênero. Nascida Lucy Schwob em Nantes, França, em 1894, numa família de intelectuais, foi uma artista singular que explorou as fronteiras da identidade, antecipando questões que só ganhariam força décadas depois. Trabalhando como escritora, dramaturga, fotógrafa e escultora, após estudos de filosofia e literatura na Sorbonne, Cahun adotou um nome de gênero neutro e passou a usar a arte como meio para expressar suas ambiguidades. "Masculino? Feminino? Depende da situação. Neutro é o único gênero que combina comigo."

Na série de autorretratos que produziu durante quarenta anos, entre 1910 e 1950, Claude Cahun se reinventava a seu próprio gosto. Com um tom intensamente performático, ora aparecia vestida de mulher, ora de homem, com cabelos longos ou raspados, com maquiagem teatral... Nada esperado ou permitido para uma mulher da sua época.

Ao lado de sua parceira Marcel Moore, nome adotado por Suzanne Malherbe, Cahun criou uma rede de amigos influentes entre os surrealistas, como Salvador Dalí e André Breton, que frequentavam seu apartamento em Paris. A relação das duas, embora discreta, era transgressora em um período em que a homossexualidade era marginalizada. Nos anos 1930, com a ascensão do fascismo, as artistas mudaram-se para a ilha de Jersey, entre a França e a Inglaterra, e, durante a Segunda Guerra, se engajaram na Resistência. No período, produziram mensagens subversivas – as "balas de papel" – para instigar soldados alemães a questionar a ideologia nazista. Foram presas pela Gestapo em julho de 1944, mas conseguiram escapar por pouco de serem executadas. Na ocasião, o exército destruiu as fotografias de Cahun que foram encontradas na residência do casal, já que eram consideradas imorais e obscenas.

Claude Cahun morreria dez anos depois, em 1954. E sua obra seria redescoberta e consagrada apenas décadas mais tarde. Em 2011, uma celebrada exposição reuniu boa parte de seu trabalho fotográfico no museu Jeu de Paume, em Paris. Mais de cem anos após nascer, Claude Cahun ressurge como símbolo pioneiro do pleno exercício da liberdade de existir além das imposições binárias.

DEZEMBRO

Claude Cahun

1 segunda-feira

---

2 terça-feira

* Dia Nacional do Samba.
* Nos dia 2 e 4 de dezembro de 1988, foi realizado, em Valença, Rio de Janeiro, o I Encontro Nacional de Mulheres Negras.

---

3 quarta-feira

---

4 quinta-feira
●

---

5 sexta-feira

---

6 sábado | **7 domingo**

DEZEMBRO

> "Eu vou até onde eu sou,
> eu ainda não estou lá."
> **CLAUDE CAHUN**

8 segunda-feira

* Dia da Justiça.
* Dia de Nossa Senhora da Conceição.

9 terça-feira

10 quarta-feira

* Nascimento de Clarice Lispector (Chechelnyk, 1920– Rio de Janeiro, RJ, 1977).
* Dia Internacional dos Direitos Humanos.

11 quinta-feira

12 sexta-feira

13 sábado

* Decretação do Ato Institucional nº 5 (AI-5), em 1968, o ato institucional mais repressivo da ditadura militar brasileira.

14 domingo

DEZEMBRO

> "O direito não é mesmo bastante para assegurar a humanidade, mas é imprescindível para constranger e reparar a injustiça desumana."
>
> **CÁRMEN LÚCIA ANTUNES ROCHA**
> *Direito para/de todos*

15 segunda-feira

16 terça-feira

* Nascimento da escritora Jane Austen (Steventon, Inglaterra, 1775).
* Nascimento de Jurema Werneck (Rio de Janeiro, RJ, 1961), médica, fundadora da ONG Crioula e diretora da Anistia Internacional do Brasil.

17 quarta-feira

18 quinta-feira

19 sexta-feira
○

20 sábado

21 domingo

* Início do verão.

DEZEMBRO

obviedade
o coração das mulheres bater mais rápido
LUIZA MUSSNICH
Todo o resto é muito cedo

22 segunda-feira

23 terça-feira

24 quarta-feira

25 quinta-feira   * Natal.

26 sexta-feira   * Sancionada a Lei 6.515/1977, que instituiu o divórcio no país.

27 sábado

28 domingo

DEZEMBRO

"O feminismo, como movimento político e razão de ser, construiu agendas sobre as quais se assentaram novas leis e políticas públicas, novos valores e novas teorias, que explicam as grandes transformações resultantes desse movimento."

**BRANCA MOREIRA ALVES
E JACQUELINE PITANGUY**
Feminismos no Brasil

29 segunda-feira

---

30 terça-feira

---

31 quarta-feira   ✱ Dia da Esperança.

---

1 quinta-feira   ✱ Dia da Fraternidade Universal.

---

2 sexta-feira

---

3 sábado | **4** domingo

DEZEMBRO

'Penso que a resistência militante é o caminho possível porque é a partir dela que lutamos para mudar o estado das coisas, não apenas aceitando que a opressão existe e ficando paradas. Do contrário, não sairíamos nunca do lugar de objeto."

DJAMILA RIBEIRO
Diálogo transatlântico, livro em coautoria com Nadia Yala Kisukidi, lançamento Clube F. 2025.

MARIELLE FRANCO

(1979–1918)

MARIELLE FRANCO FLORESCE

Esta foi uma das muitas cenas emblemáticas de Marielle Franco, carioca e jovem vereadora eleita no Rio de Janeiro em 2016: na tribuna da Câmara dos Vereadores, postura altiva, adesivos feministas presos ao vestido de verão, ela diz voltada para o plenário: "Não serei interrompida. Não aturo interrompimento dos vereadores desta casa e não aturarei de um cidadão que vem aqui e não sabe ouvir a posição de uma mulher eleita." Houve quem achasse que seria possível interromper as suas lutas. No dia 14 de março de 2018, saindo de um encontro de mulheres negras no Centro do Rio, Marielle foi assassinada com quatros tiros, numa emboscada que tirou a vida também do seu motorista, Anderson Gomes. Uma comoção tomou o país, com uma onda de protestos no Rio e em outras diversas capitais.

Marielle simbolizava a força e as lutas das mulheres negras, faveladas e lésbicas, até então marginalizadas do jogo político. Cria do Complexo da Maré, Marielle trabalhou como vendedora ambulante, dançarina de funk, educadora infantil em uma creche e, em 1988, inscreveu-se na primeira turma do curso de pré-vestibular preparatório para jovens das favelas da Maré, iniciativa que mudaria sua trajetória. Em 2002 ingressou na PUC-Rio, onde se graduou em Ciências Sociais, seguindo um mestrado em Administração Pública na Universidade Federal Fluminense. A essa altura já estava envolvida em movimentos que defendiam os direitos humanos, impulsionada pela morte de uma amiga atingida em uma troca de tiros entre traficantes e policiais. Alguns anos mais tarde, em 2006, ingressou na equipe da campanha de Marcelo Freixo, que, uma vez eleito deputado estadual, teria Marielle como assessora parlamentar, uma relação que perduraria por dez anos, acentuando sua militância política. Na Câmara, Marielle assumiu a coordenação da Comissão de Defesa dos Direitos Humanos e Cidadania da ALERJ, onde prestou auxílio jurídico e psicológico a familiares de vítimas de homicídios ou policiais vitimados.

Crítica da intervenção federal no Rio de Janeiro, imposta pelo governo de Michel Temer, Marielle escreveu numa rede social um dia antes do crime: "Quantos mais vão ter que morrer para que essa guerra acabe?" Ela se referia a mais um assassinato de um jovem no Rio de Janeiro. Marielle também vinha promovendo reuniões com líderes comunitários nas áreas comandadas pela milícia na Zona Oeste da cidade, incomodando muitos com sua postura aguerrida e firme.

Quem encomendou a morte dela não fazia ideia da repercussão que o fato teria, no Brasil e no mundo. O efeito foi tão inesperado quanto impressionante: da morte de Marielle nasceram muitas vozes novas na política, inclusive a sua irmã, que virou ministra quatro anos depois, no governo de Luiz Inácio Lula da Silva. Na Câmara Municipal, seu legado foi seguido por Renata Souza, que integrava sua equipe de assessoras, Talíria Petrone e Mônica Benicio, sua viúva, entre outras mulheres negras que continuam sendo eleitas no Brasil.

Em Paris, poucos dias após o assassinato, um grande retrato de Marielle foi colocado na porta central da prefeitura, no Hotel de Ville, lembrando o compromisso inegociável com a democracia – pois é ela, ao fim, que estava em jogo nesse episódio.

Depois de seis anos e sete meses, no último dia de outubro de 2024, a juíza Lucia Mothé Glioche leu o veredito do julgamento de seus assassinos, no Fórum do Rio de Janeiro, condenando Ronnie Lessa, autor dos disparos, a 79 anos, nove meses e trinta dias de prisão, e Élcio Queiroz, motorista do veículo usado no crime, a 59 anos, oito meses e dez dias. A justiça, no entanto, ainda não chegou para os mandantes do crime, nomes conhecidos da política do Estado e da própria polícia.

A trajetória e os combates de Marielle Franco seguem inspirando mulheres em todo o mundo. No 10º arrondissement de Paris, um jardim foi construído para homenageá-la, inaugurado com festa e emoção em 2020. Nada mais simbólico: Marielle floresce e continuará a florescer.

MARIELLE PRESENTE!
MARIELLE FLORESCE!

Concepção e edição: Ana Cecilia Impellizieri Martins
Coordenação editorial: Joice Nunes
Revisão de textos: Marina Montrezol
Ilustrações: Claudia Amaral
Capa e diagramação: LeTrastevere

ONGS, INSTITUTOS E MÍDIAS FEMINISTAS

Agência e Instituto Patrícia Galvão
agenciapatriciagalvao.org.br

Anis - Instituto de Bioética, Direitos Humanos e Gênero
bioetica.org.br

Criola
criola.org.br

Gênero e Número
generonumero.media

Instituto AZMina
azmina.com.br/instituto-azmina

Instituto Alziras
alziras.org.br

Instituto Maria da Penha
institutomariadapenha.org.br

Milhas pelas vidas das mulheres
milhaspelavidadasmulheres.com.br

Onu Mulheres Brasil
onumulheres.org.br

Redeh – Rede de Desenvolvimento Humano
redeh.org.br

SOS Corpo - Instituto Feminista para a Democracia
soscorpo.org

Sempreviva Organização feminista
sof.org.br

NO CASO DE VIOLÊNCIA CONTRA A MULHER, DENUNCIE: DISQUE 180 SECRETARIA NACIONAL DE POLÍTICAS PARA AS MULHERES

AUTORAS BAZAR DO TEMPO
Adília Lopes
Adriana Calcanhotto
Adriana Cavarero
Ana Kiffer
Antonia Pellegrino
Alexandra Lucas Coelho
Alice Walker
Alyne Costa
Anne Carson
Anne Lafont
Arelis Uribe
Arielle Sagrillo Scarpati
Arlette Farge
Audre Lorde
Beatriz Accioly Lins
Beatriz Nascimento

Betina González
Cármen Lúcia Antunes Rocha
Cidinha da Silva
Charlotte Castelnau-L'Estoile
Charlotte Perkins Gilman
Claudia Salazar
Cleonice Berardinelli
Donna Haraway
Fatima Daas
Flavia Trocoli
Françoise d'Eaubonne
Françoise Frenkel
Gloria Anzaldua
Isabelle Stengers
Hannah Arendt
Hélène Cixous
Heloisa Teixeira
Heloisa Seixas
Heloisa M. Starling
Isabela Discacciati
Kathryn Yusoff
Lélia Gonzalez
Ligia Fonseca Ferreira
Lilia M. Schwarcz
Lubi Prates
Luiza Bairros
Luiza Mussnich
Joan Scott
Judith Butler
Júlia Romeu
Mana Bernardes
María Lugones
Marisol de la Cadena
Marguerite Duras
Marielle Macé
Marina Tsvetaeva
Nancy Fraser
Nadia Yala Kisukidi
Oyèrónké Oyĕwùmí
Patricia Hill Collins
Patricia Valim
Paul B. Preciado
Rita Segato
Rosane Borges
Saidiya Hartman
Sandra Harding
Sam Bourcier
Simone Weil
Simone Veil
Silvia Chakian
Silvia Federici
Socorro Acioli
Sueli Carneiro
Susan Sontag

Teresa de Lauretis
Vincianne Despret
Victoria OCampo
Virginia Siqueira Starling
Virginia Woolf
Violette Leduc
Yuliana Ortiz Ruano

Coleção Pensamento Feminista:
Adriana Varejão, Alba Margarita Aguinaga Barragán, Alejandra Santillana, Angela Figueiredo, Claudia de Lima Costa, Dunia Mokrani Chávez, Julieta Paredes, Lélia Gonzalez, Luiza Bairros, Marcela Cantuária, Maria da Graça Costa, María Elvira Díaz-Benítez, María Lugones, Marnia Lazreg, Miriam Lang, Ochy Curiel, Rosana Paulino, Suely Aldir Messeder, Susana de Castro, Thula Rafaela de Oliveira Pires, Yuderkys Espinosa Miñoso.

Andiara Ramos, Bernedette Muthien, Camila Bastos Bacelar, Caterina Rea, Dri Azevedo, Francesca Gargallo, Gabriela González Ortuño, Guacira Lopes Louro, Jack Halberstam, Jasbir K. Puar, Larissa Pelúcio, Lorena Mochel, Marcia Ochoa, Norma Mogrovejo, Sam Bourcier, Tânia Navarro Swain.

Albertina Costa, Angela Arruda, Branca Moreira Alves, Bila Sorj, Carmen Barroso, Constância Lima Duarte, Cynthia Sarti, Heleith Saffioti, Jacqueline Pitanguy, Leila Linhares Barsted, Lourdes Maria Bandeira, Margareth Rago, Maria Betânia Ávila, Maria Odila Leite da Silva Dias, Mary Castro, Rita Terezinha Schmidt.

Audre Lorde, Donna Haraway, Gayatri Spivak, Gloria Anzaldúa, Joan Scott, Judith Butler, Lélia Gonzalez, María Lugones, Monique Wittig, Nancy Fraser, Patricia Hill Collins, Paul B. Preciado, Sandra Harding, Silvia Federici, Sueli Carneiro, Teresa de Lauretis.

Antologia *Você lembrará seus nomes*:
Alice Walker, Amina Baraka, Angelina Weld Grimké, Audre Lorde, bell hooks, Cheryl Clarke, Gwendolyn Bennett, Gwendolyn Brooks, Harryette Mullen, Jayne Cortez, June Jordan, Lucille Clifton, Maya Angelou, Nikki Giovanni, Nikky Finney, Pat Parker, Rita Dove, Sonia Sanchez, Wanda Coleman.

* Em bold, autoras francesas/francófonas.

CONHEÇA O CLUBE F.

BAZARDOTEMPO.COM.BR
@BAZARDOTEMPO